Josef und das Jesuskind

Die Weihnachtsgeschichte
mit Liedern und Gebeten

Rüdiger Pfeffer
Karin Jeromin

Verlag Katholisches Bibelwerk

Die Geschichten

Josef baut ein Haus

Josef träumt

Ein Stern erscheint am Himmel

Die Sterndeuter suchen in Jerusalem

Die Sterndeuter finden Jesus

Josef rettet Jesus

Josef bewahrt sein Geheimnis

Josef baut ein Haus

Vor mehr als zweitausend Jahren lebte im Land Judaä ein Mann, der hieß Josef Barjakob. Er stammte aus dem Dorf Betlehem. Dort war einst der berühmte König David geboren worden. Nie war das Volk Israel größer und mächtiger gewesen als unter seiner Herrschaft. Deshalb war Josef stolz darauf, zu Davids Nachkommen zu gehören.
Doch diese glanzvollen Zeiten waren lange vorüber. Die Israeliten hatten seither viele fremde Herrscher ertragen müssen. Nun hielten die Römer ihr Land besetzt und der römische Kaiser hatte den heimtückischen Herodes zum König in Jerusalem gemacht.
Das Volk hasste beide – König Herodes und den Kaiser in Rom. Die Menschen in Judäa wünschten sich so sehr, dass eintrifft, was sie in den heiligen Schriften lasen. Die Propheten Israels hatten schon vor langer Zeit verkündet: Gott wird einen neuen König aus Davids Familie senden, der sein Volk aus der Hand seiner Feinde rettet und ihm Frieden bringt.

Josef Barjakob war ein Zimmermann. Wer in Betlehem ein Haus bauen wollte oder einen Stall für seinen Ochsen brauchte, kam zu ihm. Josef träumte davon, schon bald ein eigenes Haus zu haben. Dann würde sein größter Wunsch wahr werden: Er konnte seine Braut Maria als seine Frau heiraten.

Eines Tages erbte Josef ein kleines Haus am Rande von Betlehem. Es war alt und baufällig. Aber Josef arbeitete jeden Abend voller Eifer daran. Wenn alles fertig war, wollte er mit Maria Hochzeit feiern und dort einziehen.

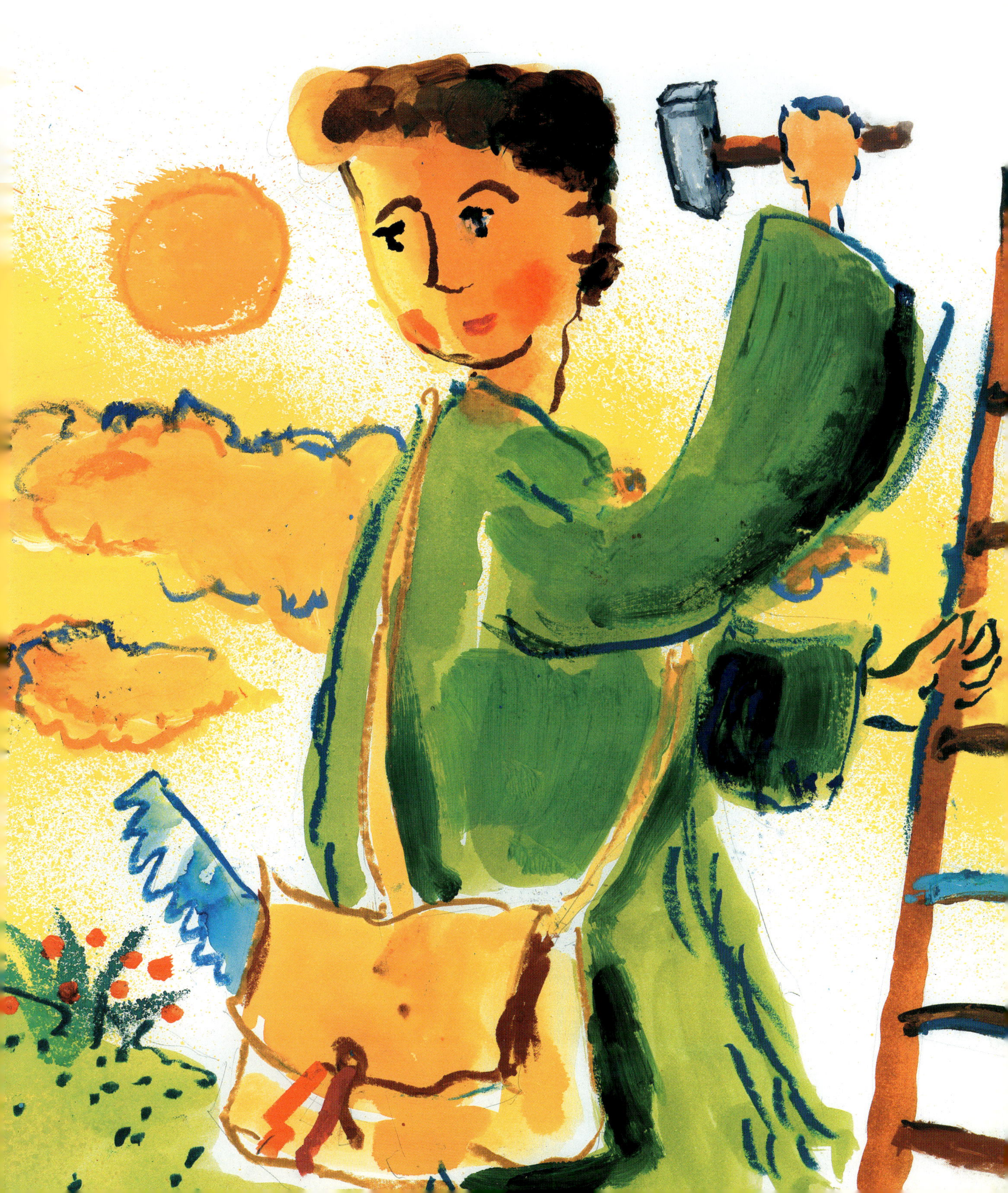

Maria besuchte ihren Josef oft in dem Häuschen. Gemeinsam stellten sie sich dann vor, wie es wohl sein würde, wenn sie gemeinsam darin wohnten. Bald war es so weit. Der Tag ihrer Hochzeit war schon festgesetzt, als Maria eines Abends zu ihrem Bräutigam kam. Josef merkte gleich, dass sie anders war als sonst: nicht so fröhlich und munter, sondern still und nachdenklich. „Josef", begann sie, „ich muss dir etwas sagen. Eigentlich hätte ich es dir schon längst erzählen sollen.

Du musst wissen: Vor einigen Wochen, da war ein Engel bei mir. Er sprach: ‚Maria, du bist von Gott auserwählt. Du wirst schwanger werden und einen Sohn zur Welt bringen. Und der wird der Sohn Gottes sein, der Sohn unseres himmlischen Königs.' So seltsam war das alles, dass es mir wie ein Traum vorkam. Darum habe ich dir nichts davon erzählt." Maria sah ihrem Bräutigam in die Augen und versuchte zaghaft zu lächeln. „Doch jetzt weiß ich, Josef: Es ist wahr. Ich bekomme ein Kind."

Macht hoch die Tür, die Tor macht weit; es kommt der Herr der Herr-lich-keit, ein Kö-nig al-ler Kö-nig-reich, ein Hei-land al-ler Welt zu-gleich, der Heil und Le-ben mit sich bringt; der-hal-ben jauchzt, mit Freu-den singt: Ge-lo-bet sei mein Gott, mein Schöp-fer reich von Rat.

Guter Gott,

in der Zeit vor Weihnachten freuen wir uns darauf,
dass unsere Wünsche bald in Erfüllungen gehen.
Auch das Volk Israel hat sich etwas von dir gewünscht:
einen guten und gerechten König.
Einen, der nicht nur herumkommandiert
und den Menschen das Leben schwer macht.
Einen, der seine Untertanen wie seine Töchter und Söhne behandelt.
Lange haben die Israeliten auf die Ankunft dieses Friedenskönigs gewartet.
Dann hast du den Menschen Jesus geschickt.
Dafür danken wir dir im Advent:
Für die Ankunft deines Sohnes in Betlehem.

Josef träumt

Die leisen Worte Marias trafen Josef wie ein Donnerschlag. Seine Braut wurde Mutter eines Kindes – und er war nicht der Vater! Josef liebte Maria sehr. Doch konnte er nicht glauben, was er gerade von ihr gehört hatte – sie erwartete ein Kind und dieses Kind soll von Gott kommen. Wenn das Kind aber von irgendeinem anderen Mann war – dann konnte er Maria nicht heiraten. Und das machte Josef sehr traurig.

Bis spät in die Nacht lag Josef wach und konnte nicht einschlafen. Zu viele Dinge gingen ihm durch den Kopf. Josef wusste: Er könnte Maria vor Gericht bringen, wenn sie ein Kind bekommen sollte, das nicht von ihm war. Wenn sie schwanger war, dann hatte sie ihren Treueschwur gebrochen. Konnte ein Kind wirklich direkt von Gott kommen? Zu verwirrend war das alles. Traurig sagte Josef zu sich: „Ich will nicht, dass es Maria schlecht geht. Morgen werde ich unsere Verlobung lösen, damit sie mit einem anderen glücklich werden kann. Aber wie soll ich es ertragen, Maria mit ihm zu sehen?" Deshalb beschloss er, sein Haus zu verkaufen und für immer aus Betlehem fortzugehen.

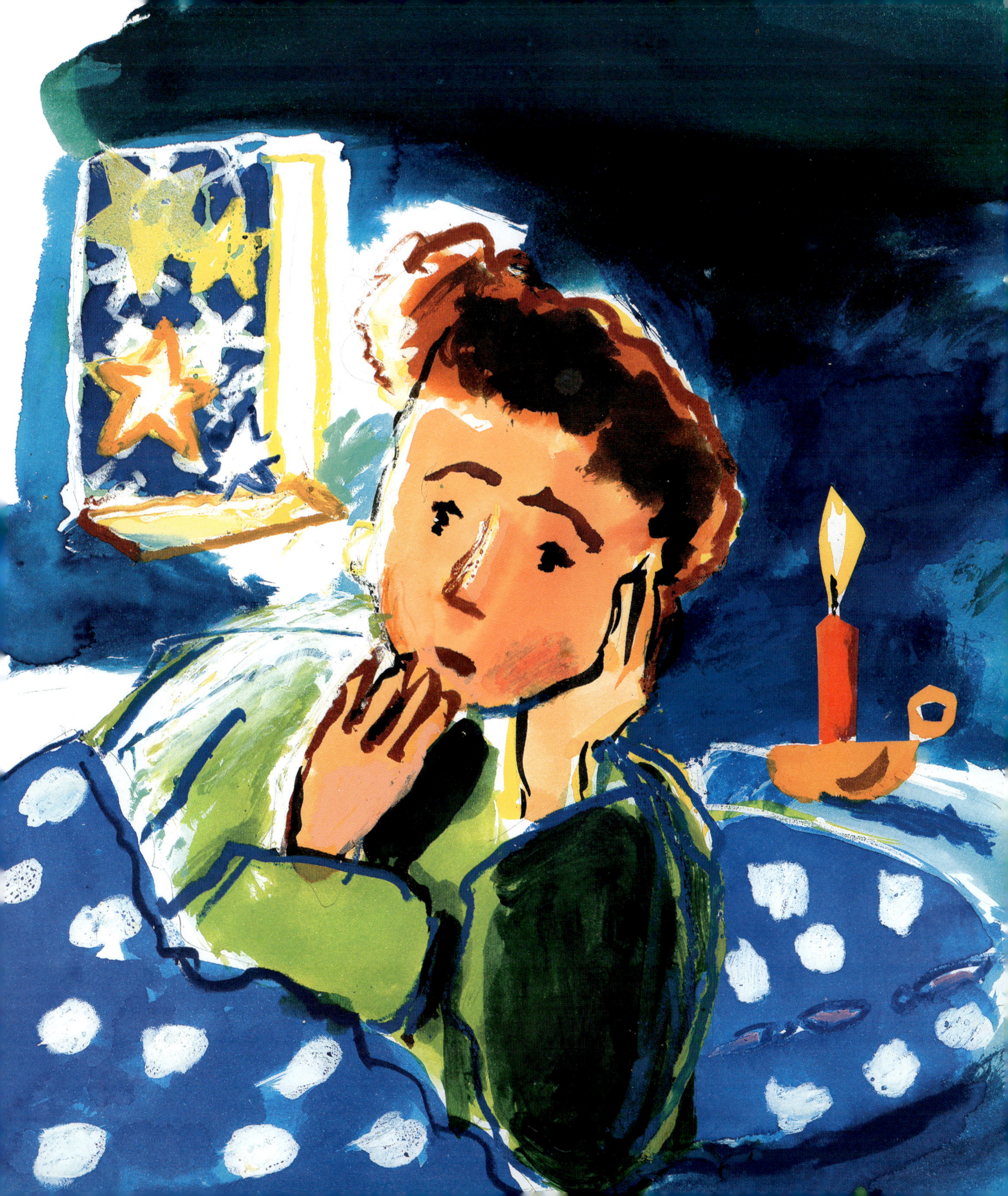

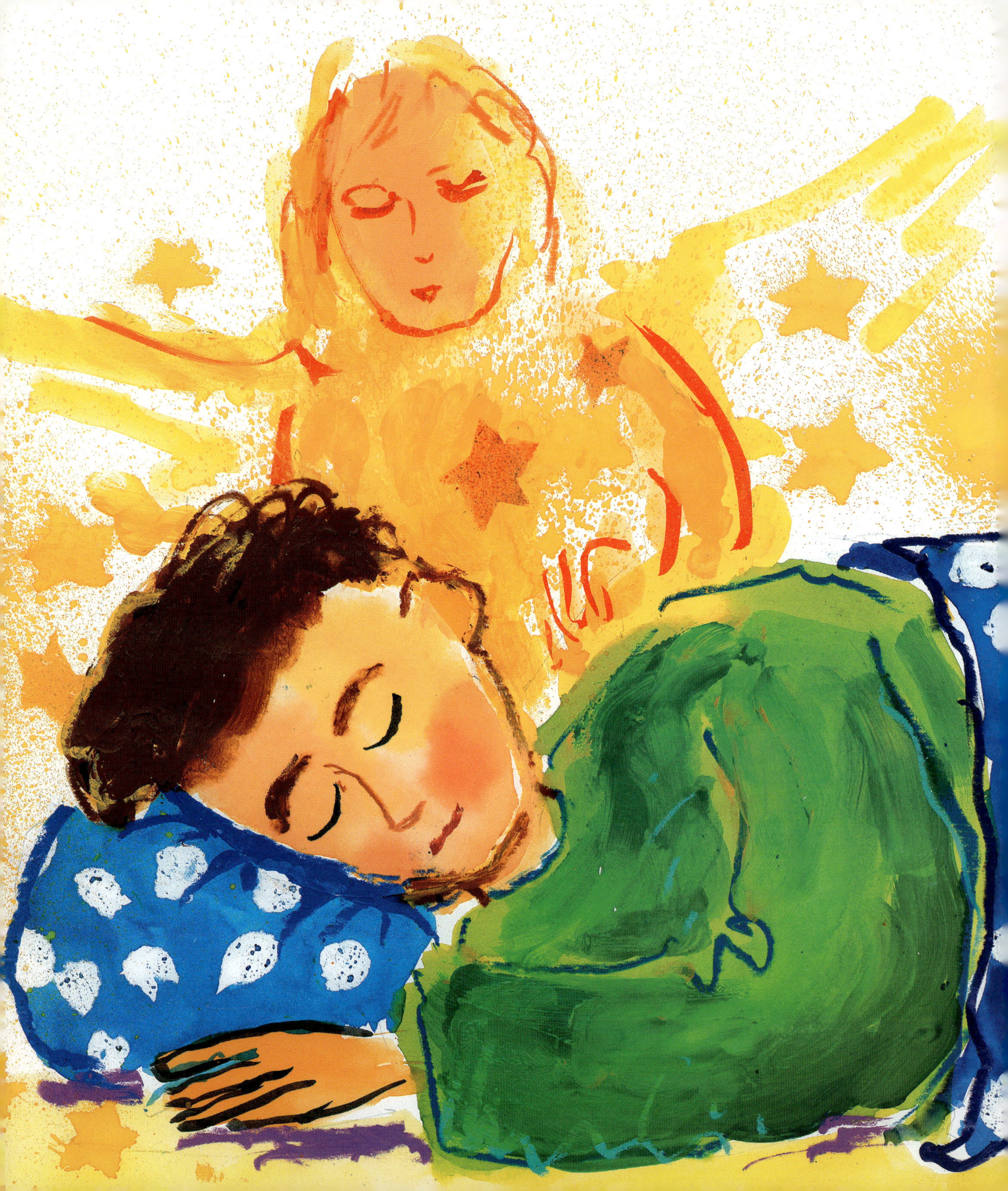

Während er so hin- und herüberlegte, fiel er in einen unruhigen Schlaf. Und im Traum erschien ihm ein Engel Gottes. Der sprach zu ihm: „Josef, du Nachkomme Davids! Fürchte dich nicht und nimm Maria als deine Frau zu dir! Denn das Kind, das sie erwartet, kommt von Gott, unserem himmlischen König. Höre Gottes Botschaft für dich: Maria wird einen Sohn zur Welt bringen; dem sollst du den Namen ‚Jesus' geben. – Dieser Name bedeutet: ‚Gott rettet'. Denn dieses Kind wird sein Volk frei machen."

Als Josef am nächsten Morgen aufwachte, war ihm auf einmal ganz leicht zu Mut. Er ging zu Maria und erzählte ihr von seinem Traum. Jetzt konnte auch Maria wieder fröhlich sein und sie umarmte ihren Josef glücklich. Schon wenige Tage später taten sie, was der Engel befohlen hatte: Josef und Maria feierten Hochzeit und zogen gemeinsam in ihr kleines Haus in Betlehem. Dort sollte Marias Sohn zur Welt kommen.

1. Tragt in die Welt nun ein Licht, sagt allen: Fürchtet euch nicht! Gott hat euch lieb, groß und klein! Seht auf des Lichtes Schein!

Guter Gott,

manchmal fühlen wir uns,
als würden wir im Dunkeln sitzen.
Wie Josef können wir nicht verstehen,
was mit uns geschieht.

Dann brauchen wir eine Stimme, die uns sagt:
„Fürchte dich nicht! Alles wird gut!"

Dann brauchen wir ein Licht,
das unser Leben wieder hell macht.

Dann brauchen wir einen Engel, der uns beisteht.
Danke, dass du uns all das schickst!

Ein Stern erscheint am Himmel

In jenen Tagen erzählte man sich, dass bei der Geburt eines jeden Kindes ein Stern am Himmel erscheinen würde. Je heller dessen Licht leuchtet, so hieß es, desto größer und wichtiger wird das Kind in seinem Leben später einmal sein.

Und in der Nacht, als Jesus geboren wurde, entdeckten drei Sterndeuter im fernen Orient einen neuen Stern, der strahlend am Himmel stand.
„Seht diesen Stern", sprachen sie zueinander. „Wie er glänzt und glitzert! Ein großer Herrscher muss heute auf die Welt gekommen sein! Er wird einmal König aller Könige genannt werden! Wir wollen dieses Kind suchen und uns vor ihm verneigen! Der Stern wird uns den Weg weisen!"

Sorgfältig wählten sie kostbare Geschenke für das königliche Kind aus und brachen auf. Sie reisten in der Nacht, damit sie dem Stern folgen konnten. Der ging ihnen voraus und führte sie weit nach Westen – über Berge und durch Täler, über Flüsse und durch Wüsten, in dicht bewohnte Orte und verlassene Landstriche.

Nach einer langen Reise passierten die drei Sterndeuter die Grenze nach Judäa und kamen im Morgengrauen in Jerusalem an. Dort fragten sie überall: „Wo finden wir den neugeborenen König der Juden? Wir haben seinen Stern am Himmel aufgehen sehen und sind aus dem Orient hierher gekommen, um ihn zu verehren."

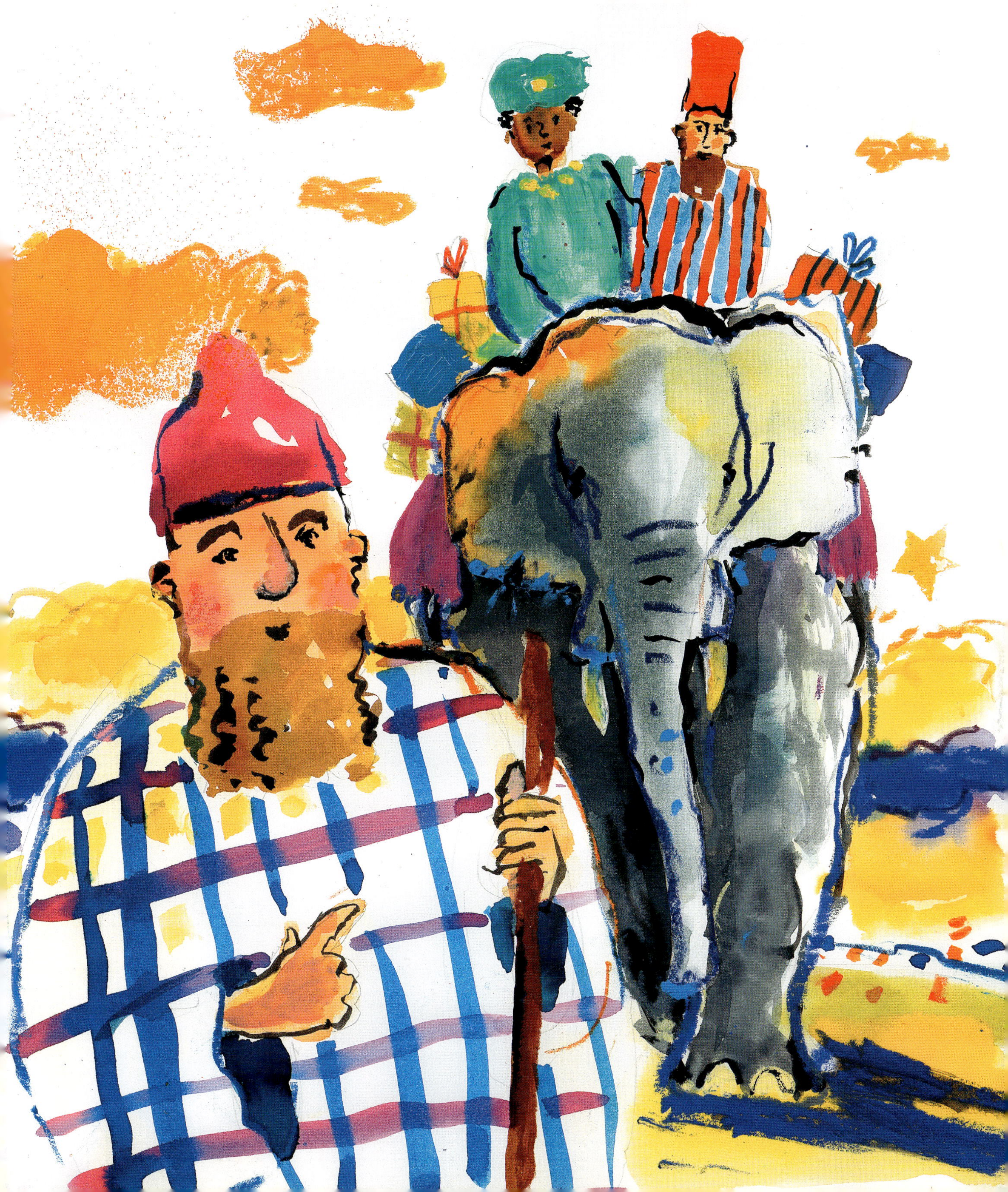

1. Wir haben seinen Stern geseh'n. Drum wollen wir gleich zu ihm geh'n. So folgen wir dem Stern. Und fragen und fragen und fragen nach dem Herrn. Und fragen und fragen und fragen nach dem Herrn.

Guter Gott,

wer in einer klaren Winternacht
in den weiten Sternenhimmel schaut,
kommt sich ganz schön klein
und unbedeutend vor.

So groß und rätselhaft ist die Welt, die du geschaffen hast –
da sind wir Menschen wie Staubkörner.

Und doch liebst du jeden einzelnen
und hältst deine Hand über uns.
Du lässt dein Licht über uns leuchten
und zeigst uns den Weg.

Danke, dass uns die vielen Sterne am Himmel
daran erinnern!

Die Sterndeuter suchen in Jerusalem

Die Nachricht von der Ankunft der Männer aus dem Morgenland verbreitete sich rasch in Jerusalem. Es dauerte nicht lange, bis König Herodes von seinen Spionen gemeldet wurde: „Die ganze Stadt ist in Aufruhr wegen drei seltsamer Fremden, die nach einem neugeborenen König suchen. Überall erzählt man sich, sie seien gekommen, weil sich die Ankündigung der Propheten erfüllt und Gott seinem Volk das königliche Kind gesandt hat."
Als König Herodes das hörte, erschrak er. Sofort ließ er alle führenden Priester und Schriftgelehrten zu sich kommen und fragte sie:
„Sagt mir: Wo soll der König geboren werden, den Gott seinem Volk versprochen hat?" Die Priester und Gelehrten antworteten: „In Betlehem im Land Judäa. Denn so hat der Prophet geschrieben: ‚Aus Betlehem wird der Herrscher kommen, der Gottes Volk Israel schützen und leiten soll.'"

Da wurde König Herodes von Furcht erfüllt. Wenn es dieses neugeborene königliche Kind wirklich gab, könnte es ihm seinen Thron streitig machen. Und Herodes beschloss: Das darf nicht geschehen. Heimlich ließ König Herodes die Männer aus dem Morgenland zu sich in den Palast rufen. „Ihr weisen Herren", sprach er, „erlaubt mir zu fragen, was es mit diesem Stern auf sich hat, dem ihr gefolgt seid."

Die Sterndeuter erzählten, wo er aufgegangen und wann er zum ersten Mal am Himmel erschienen war. Sie sagten zu Herodes: „Dieser Stern ist der hellste und strahlendste, den wir je gesehen haben. Er ist ein himmlisches Zeichen, dass der König aller Könige hier in Judäa geboren wurde. Deshalb sind wir hierher gekommen und haben vermutet, dass wir das königliche Kind in eurem Palast finden werden."

König Herodes erwiderte: „Ich muss euch enttäuschen, ihr Herren. Hier im Palast gibt es keinen Prinzen in dem Alter, wie ihr ihn sucht. Aber meine Priester und Gelehrten sagen, dass es in einer alten Weissagung heißt: Das königliche Kind, das Gott versprochen hat, wird im Dorf Betlehem geboren werden. Meine Herren, geht nach Betlehem und erkundigt euch dort nach ihm. Und wenn ihr dieses Kind gefunden habt, dann gebt mir Nachricht. Denn ich will auch zu ihm gehen und es verehren." Doch die freundlichen Worte von Herodes täuschten. Tief in seinem Herzen hatte er schon einen hinterlistigen Plan gefasst.

Guter Gott,

manchmal ist es gar nicht so einfach, zu finden, was man sucht.
Die drei Sterndeuter waren kluge und belesene Männer.
Aber sie haben einen Fehler gemacht:
Sie haben am falschen Platz nach Jesus gesucht.
Sie dachten: Ein königliches Kind gehört in einen Königspalast.
Doch da war Jesus nicht.
Die Sterndeuter haben gelernt:
Der König, den Gott schickt, ist ganz anders als andere Könige.
Wer ihn finden will, muss mit dem Herzen suchen – nicht mit dem Verstand.

Danke, dass auch wir
zu Jesus kommen können!

O Bethlehem, du kleine Stadt, wie stille liegst du hier, du schläfst, und gold-ne Sternelein ziehn leise über dir. Doch in den dunklen Gassen das ewge Licht heut scheint für alle, die da traurig sind und die zuvor geweint.

Die Sterndeuter finden Jesus

Also machten sich die Sterndeuter auf den Weg nach Betlehem. Inzwischen hatte sich die Nacht über das Land gebreitet. Und da sahen sie wieder den strahlenden Stern, der sie aus dem Morgenland nach Judäa geführt hatte. Er ging ihnen voraus und zeigte ihnen den Weg zu Josefs Haus in Betlehem. Und genau über der Stelle, wo die Wiege von Jesus stand, blieb der Stern stehen und sein Lichtschein leuchtete wie viele tausend Kerzen.
Als die Sterndeuter das sahen, freuten sie sich sehr. Sie klopften an die Haustür und Josef öffnete. Als sie ihn nach seinem neugeborenen Sohn fragten, führte Josef die drei Männer ins Haus. Und dort fanden sie Jesus in den Armen von Maria, seiner Mutter. Da verbeugten sich die drei Sterndeuter und knieten sich vor dem Kind nieder. Dann holten sie die kostbaren Geschenke hervor: ein Kästchen voll schön geprägter Goldmünzen, kostbaren Weihrauch, wie er an den höchsten Feiertagen im Tempel geräuchert wurde, und wunderbar riechende Myrrhe, ein edles Duftharz, das eines Prinzen würdig war. Und alles, was sie mitgebracht hatten, legten sie vor Jesus nieder.

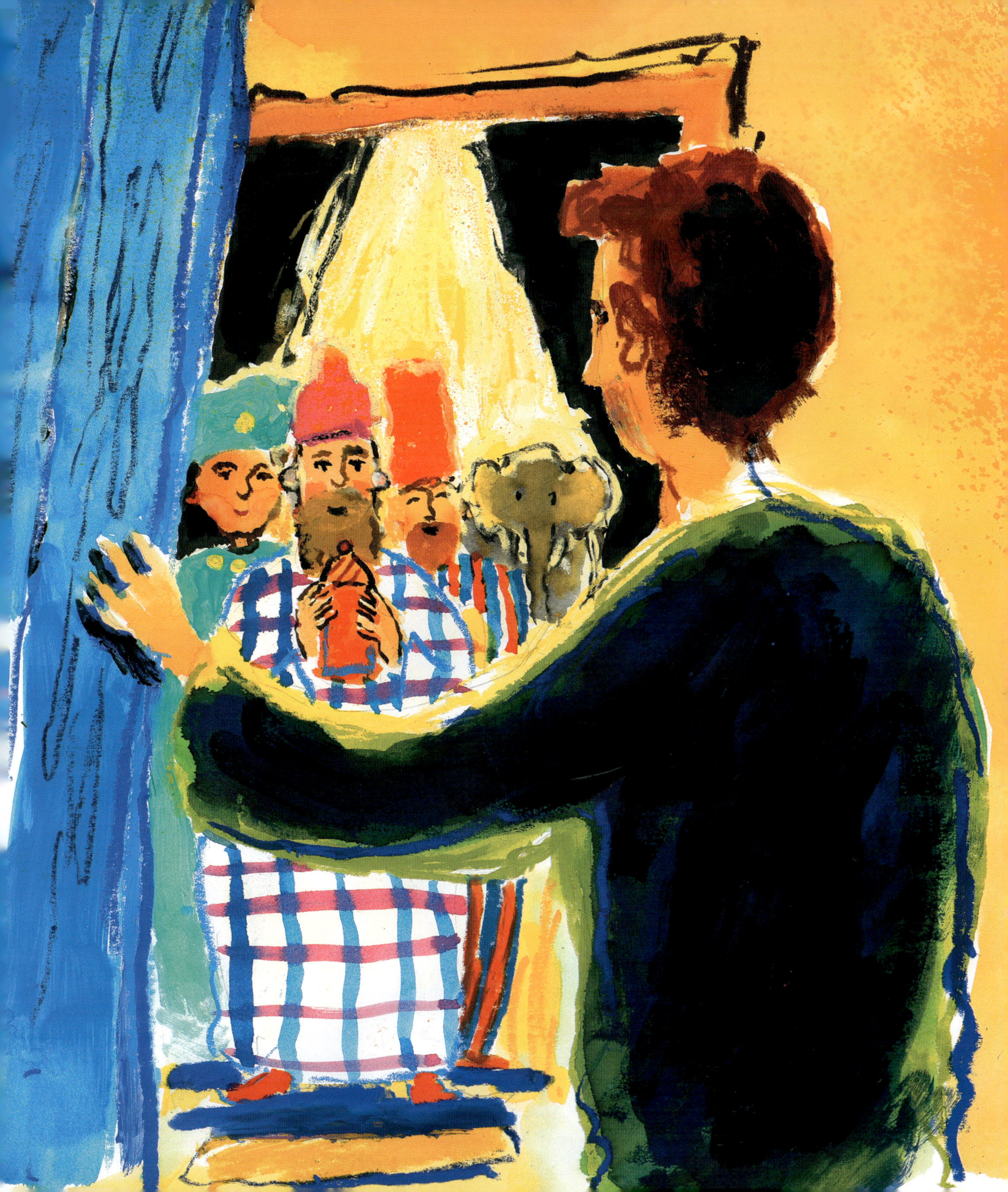

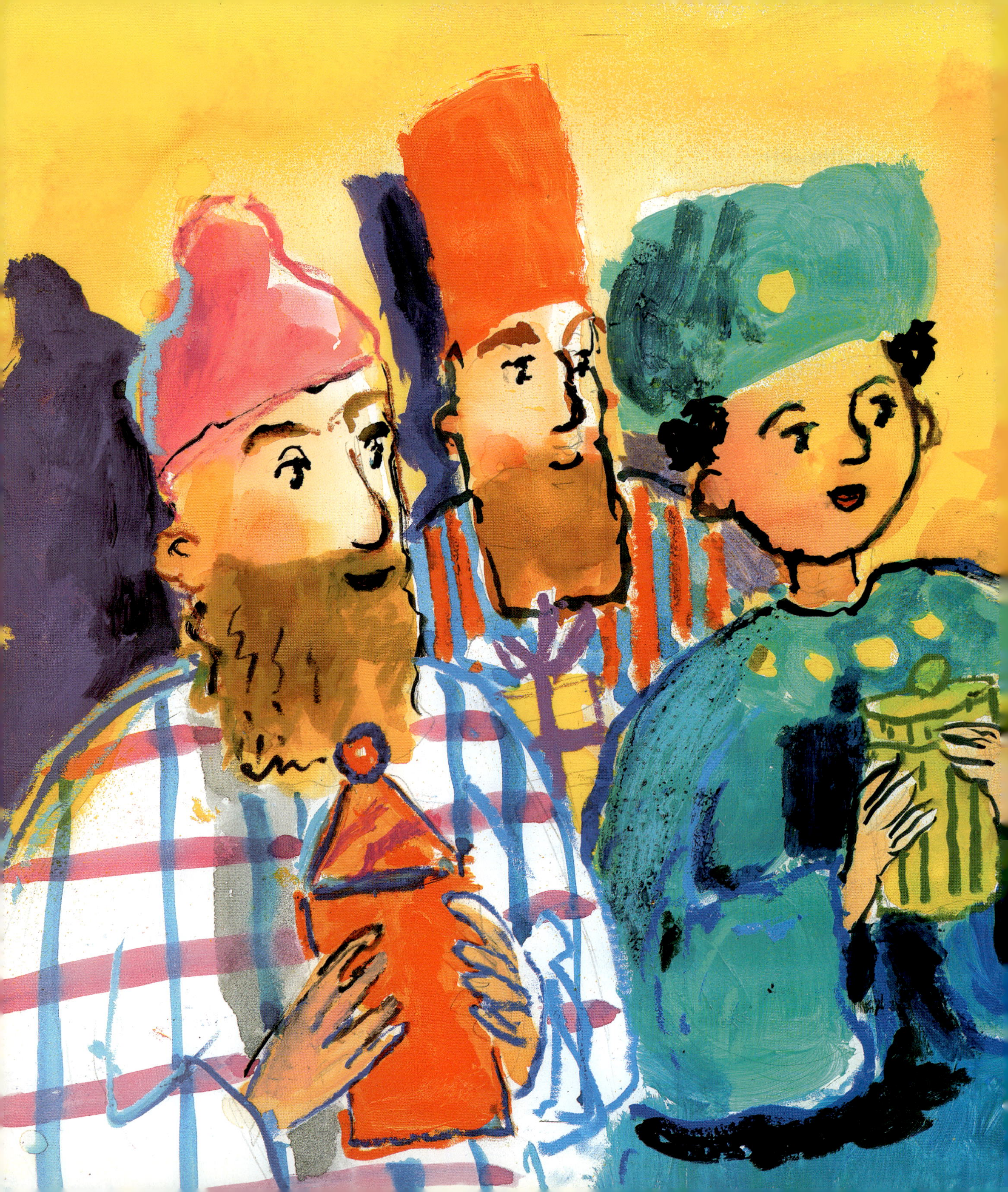

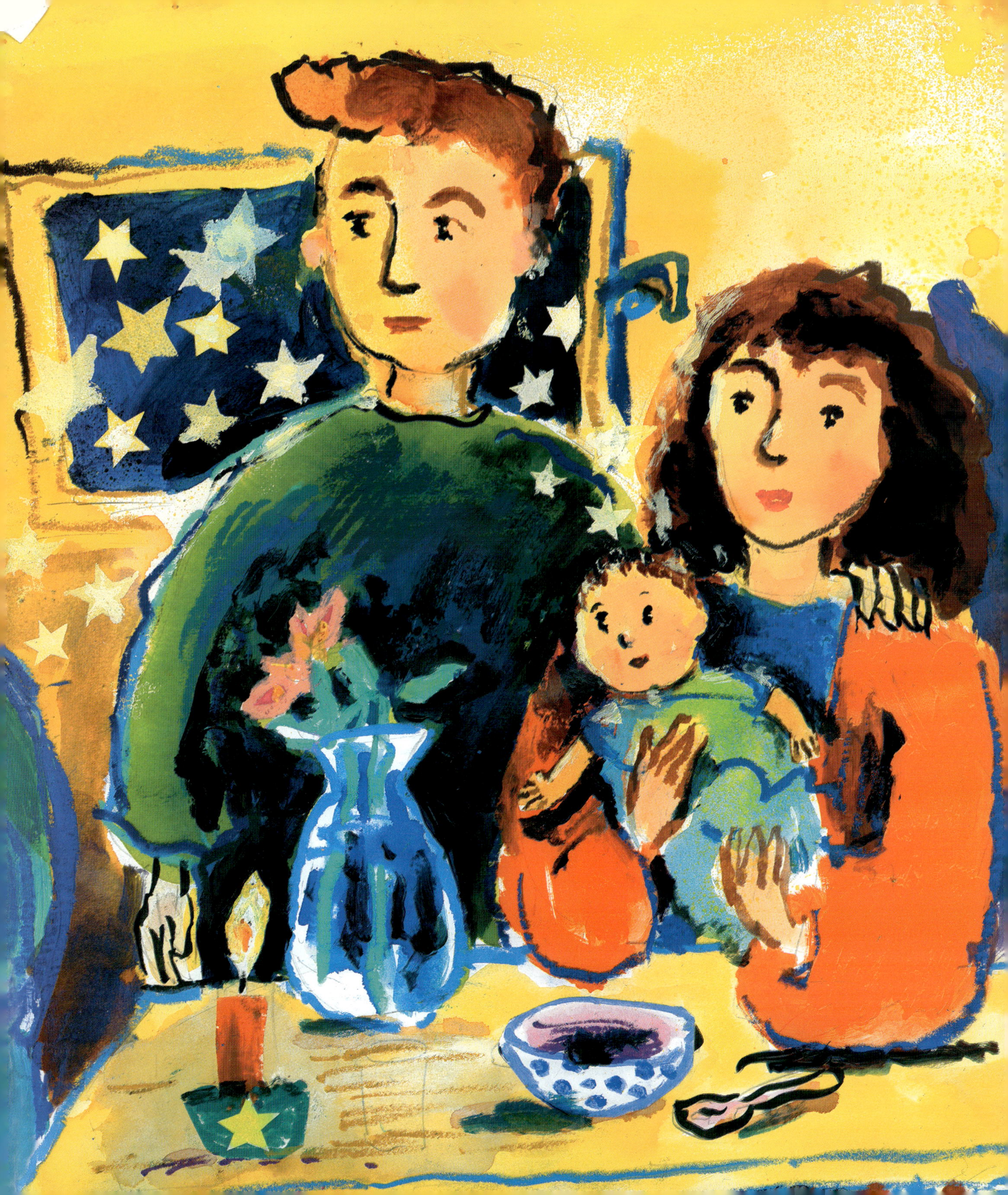

Josef lud die vornehmen Männer aus dem Morgenland ein, die Nacht als Gäste in seinem Haus zu verbringen. Die drei nahmen seine Einladung gerne an. Am nächsten Tag wollten sie dann nach Jerusalem zurückkehren. Doch als sie schliefen, sagte ihnen die Stimme Gottes, nicht wieder zu König Herodes zu gehen.

Als die Sterndeuter am anderen Morgen aufwachten, waren sie sich einig: „Wir werden tun, was Gott von uns will!" Sie verabschiedeten sich von Josef, von Maria und von dem königlichen Kind und brachen auf. Um die Stadt Jerusalem machten die Sterndeuter einen weiten Bogen und kehrten auf einem anderen Weg wieder ins Morgenland zurück. Und wenn sie in der Nacht den Stern von Betlehem am Himmel sahen, sagten sie zueinander: „Wann hat es schon jemals ein königliches Kind gegeben, das nicht im Palast, sondern im kleinen Haus eines Zimmermanns geboren wurde? Aus ihm wird einmal ein König werden, wie ihn die Welt noch nicht gesehen hat!"

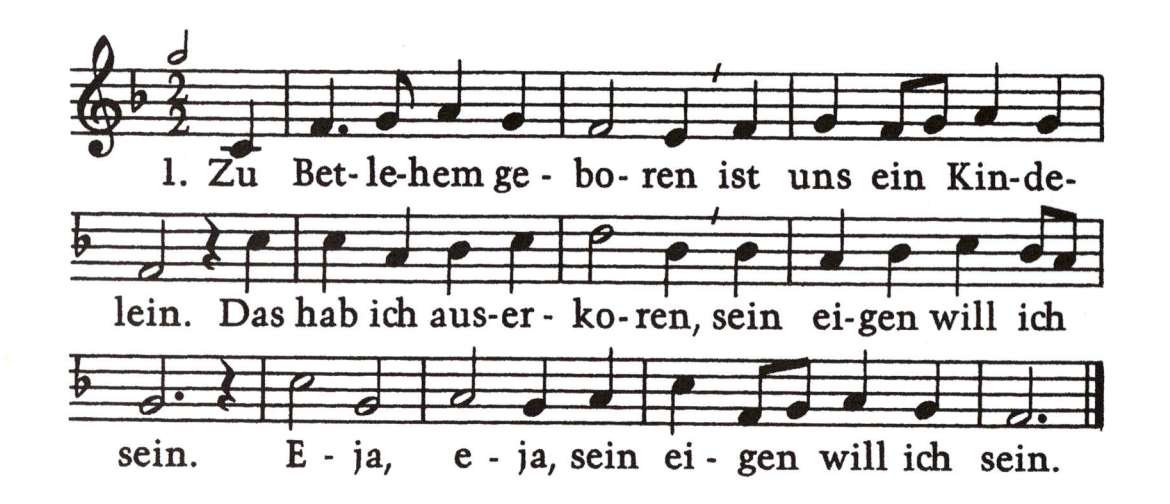

1. Zu Betlehem geboren ist uns ein Kindelein. Das hab ich auserkoren, sein eigen will ich sein. Eja, eja, sein eigen will ich sein.

Guter Gott,

das Schönste am Geburtstag ist ein fröhliches Fest
mit vielen Geschenken.
Am Heiligen Abend feiern wir
den Geburtstag von Jesus.
Die Sterndeuter haben damals kostbare Gaben
nach Betlehem mitgebracht.

Heute beschenken wir uns
unterm Christbaum gegenseitig.
Damit wollen wir zeigen: Wir freuen uns,
dass Gottes Sohn geboren ist.

Danke, guter Gott, dass du uns
das wertvollste Geschenk gemacht hast:

Jesus!

Josef rettet Jesus

Josef und Maria konnten sich nicht satt sehen an den prachtvollen Kästchen und kostbaren Gefäßen, die die drei Sterndeuter mitgebracht hatten. Wirklich königliche Geschenke waren das – ob sie wohl etwas über die Zukunft des kleinen Jesus verraten konnten? Maria stellte sich vor, dass aus Jesus einmal ein ganz wichtiger und bedeutender Mann werden würde. Josef dagegen fragte sich, was der Junge wohl mit Weihrauch und Myrrhe anfangen soll. Immerhin, so dachte er, das Gold konnte man schließlich immer brauchen.

In der Nacht erschien Josef im Traum wieder ein Engel Gottes. Doch diesmal brachte er keine gute Nachricht. Der Engel sprach: „Steh auf, Josef! Nimm Jesus und seine Mutter Maria und flieh nach Ägypten! Herodes ist hinter dem Kind her – er will es suchen lassen, damit er es töten kann! Ihr müsst in Ägypten bleiben, bis ich dir sage, dass die Gefahr vorüber ist und du mit Frau und Kind wieder zurückkehren kannst."

Mit einem Schlag war Josef wach. Schnell weckte er Maria und erzählte ihr von seinem schlimmen Traum. Er wusste: König Herodes war ein gefährlicher Mann, der sogar zwei seiner eigenen Söhne hatte umbringen lassen. Er durfte ihren kleinen Jesus auf keinen Fall finden!

Maria und Josef packten hastig das Nötigste ein und luden alles auf einen Esel. Nur die Geschenke der drei Sterndeuter mochten sie nicht zurücklassen. „Gott allein weiß, wie sie dem Kind noch einmal nützlich sein können", sagte Josef.

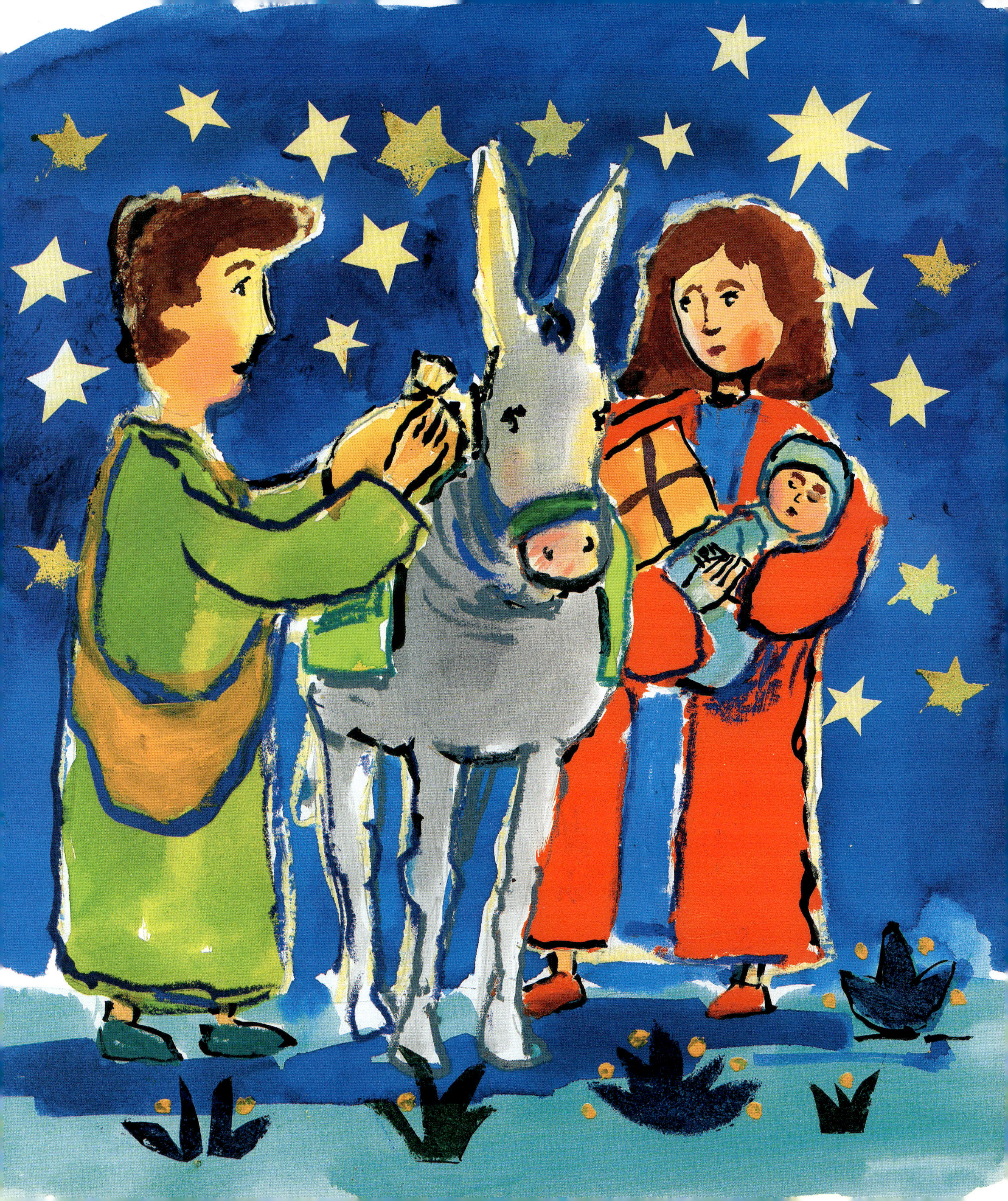

Mitten in der Nacht brachen sie auf und machten sich auf den Weg. Josef wollte mit Maria und dem Kind in Ägypten Schutz suchen, wie es das Volk Josefs, die Israeliten, schon manches Mal getan hatten, wenn ihnen Gefahr drohte. Aus Angst vor den Häschern des Herodes marschierten sie die ganze Nacht und den ganzen nächsten Tag. Erst am Abend machten sie an einer kleinen Oase Rast.

Als sie ganz erschöpft am Brunnen saßen und zusahen, wie ihr Esel gierig Wasser schlürfte, hörten sie, wie sich zwei Kaufleute unterhielten.

„Ist dir schon zu Ohren gekommen, was für schreckliche Dinge aus Judäa berichtet werden?" fragte der eine. „Ich habe gehört, dass König Herodes seinen Soldaten befohlen hat, alle kleinen Jungen in Betlehem zu töten! Überall hört man Mütter weinen und Väter verzweifelt schreien!"

„Herr im Himmel!", rief der zweite aus. „Dieser Herodes ist so schlimm wie damals der Pharao in Ägypten, als er alle Hebräersöhne im Nil ersäufen ließ!"

Viele Tage und Nächte waren die drei aus Betlehem auf der Flucht, bis sie schließlich in Ägypten ankamen. Sie waren Herodes entkommen und dankten Gott dafür. Und als Josef mit Maria und ihrem Sohn am Ufer des Nils saß, dachte er an den kleinen Mose in seinem Weidenkörbchen, den Gott einst ebenso wie ihren Jesus vor dem Zorn eines grausamen Herrschers beschützt hatte.

Guter Gott,

Marias kleiner Sohn ist gerade erst geboren –
und hat schon mächtige Feinde,
die ihm nach dem Leben trachten.
Gegen den König und seine Soldaten
kann Josef nur eines tun:
Er sucht für Jesus und seine Mutter Maria ein Versteck,
wo sie niemand finden kann.
Gottes Engel schickt Josef nach Ägypten.
Dort findet seine Familie Zuflucht und Schutz.

Danke, guter Gott, dass du auch uns
einen Engel schickst, der gut auf uns aufpasst!

1. Laßt uns den Engel preisen, der wie ein Bruder still uns behüten will.
   Auf Erden mit uns reisen und Er schaut in ew'gen Freuden das abendlose Licht und will auch uns geleiten vor Gottes Angesicht.

Josef bewahrt sein Geheimnis

So lebten Josef, Maria und Jesus als Flüchtlinge in Ägypten. Jeden Abend hoffte Josef, der Engel werde ihm erneut im Traum erscheinen und sie nach Betlehem heim schicken. Doch jeden Morgen wachte er ohne die erlösende Nachricht auf.

Als Jesus ein Jahr alt wurde, lebten sie noch immer in dem fremden Land. Inzwischen hatten sie das Gold aus dem Morgenland bis auf eine Münze aufgebraucht. Auch im nächsten Jahr konnten sie nicht nach Betlehem zurück, und sie mussten den kostbaren Weihrauch bis auf einen kleinen Rest verkaufen. Nach dem dritten Jahr in Ägypten waren ihnen schließlich auch von dem Myrrhenharz nur ein paar kleine Körner geblieben.

Doch dann starb König Herodes. Wie versprochen erschien der Engel Gottes Josef im Traum und sprach: „Steh auf, nimm das Jesuskind und seine Mutter Maria und kehre in das Land Israel zurück. Alle, die das Kind umbringen wollten, sind nun tot." Endlich konnte Josef mit seiner Familie weggehen aus Ägypten – zurück in ihre Heimat, die sie schon so sehr vermisst hatten.

Gleich am nächsten Morgen belud Josef ihren treuen Esel. Dann machte er sich mit Maria und Jesus auf den Weg. „Wir sind unterwegs wie das Volk Israel damals zusammen mit Moses auf dem Weg ins Gelobte Land", dachte Josef, als sie den Nil hinter sich ließen und wie befreit einen Karawanenweg durch die Wüste einschlugen.
Viele Tage später kamen sie schließlich am Abend zu einer Herberge nahe der Grenze nach Judäa. Vom Wirt erfuhr Josef, dass die Römer Archelaus, den Sohn des Herodes, zum neuen König in Jerusalem gemacht hatten. Da bekam Josef Angst: Was, wenn auch Archelaus das königliche Kind töten lassen wollte – wie schon sein Vater zuvor? In dieser Nacht redete der Engel zu Josef im Traum, nicht nach Betlehem zurückzukehren.

Als er am nächsten Morgen Maria davon erzählte, sagte sie zu ihrem Mann: „Liebster Josef, sei nicht traurig, weil wir unser kleines Haus nicht wiedersehen werden. Gott hat uns bis hierher geführt, er wird auch weiterhin mit uns sein."

Sie beschlossen, nach Galiläa zu gehen. Dort ließen sie sich in der kleinen Stadt Nazaret nieder. Hier konnte Josef wieder als Zimmermann arbeiten. Und schon bald standen überall in der Stadt Häuser und Hütten, die er gebaut hatte.

So wuchs Jesus als Zimmermannssohn in Nazaret auf. Nur seine Eltern wussten, dass er das königliche Kind war, von dem die Propheten gesprochen hatten. Josef bewahrte dieses Geheimnis in seinem Herzen, bis er starb. Niemand in Nazaret ahnte, dass Jesus, den sie alle als Sohn des Zimmermanns Josef kannten, einmal wie ein König in Jerusalem einziehen würde – als Friedefürst ohne Generäle und Soldaten, von dem die Menschen sagten:
„Sein Reich ist nicht von dieser Welt und sein Thron steht zur Rechten Gottes, seines himmlischen Vaters!"

*Hosianna, Davids Sohn, sei gegrüßet, König mild!
Ewig steht dein Friedensthron, du, des ew'gen Vaters Kind.
Hosianna Davids Sohn, Sei gegrüßet, König mild!*

Guter Gott,

als der römische Kaiser seine Soldaten nach Israel schickte,
ritten sie auf Streitrössern und fuhren auf Pferdewagen ins Land.
Die Propheten verkündeten deshalb:
„Der Friedenskönig, den Gott schickt, wird ganz anders sein.
Er reitet auf einem einfachen Esel."

Als Jesus auf einem Esel in Jerusalem einzieht, wird sein Geheimnis offenbart,
das Josef und Maria so lange in ihrem Herzen bewahrt haben:
Die Menschen erkennen: Er ist der König, den Gott uns schickt!

Danke, guter Gott, dass du Jesus in die Welt gesandt hast!

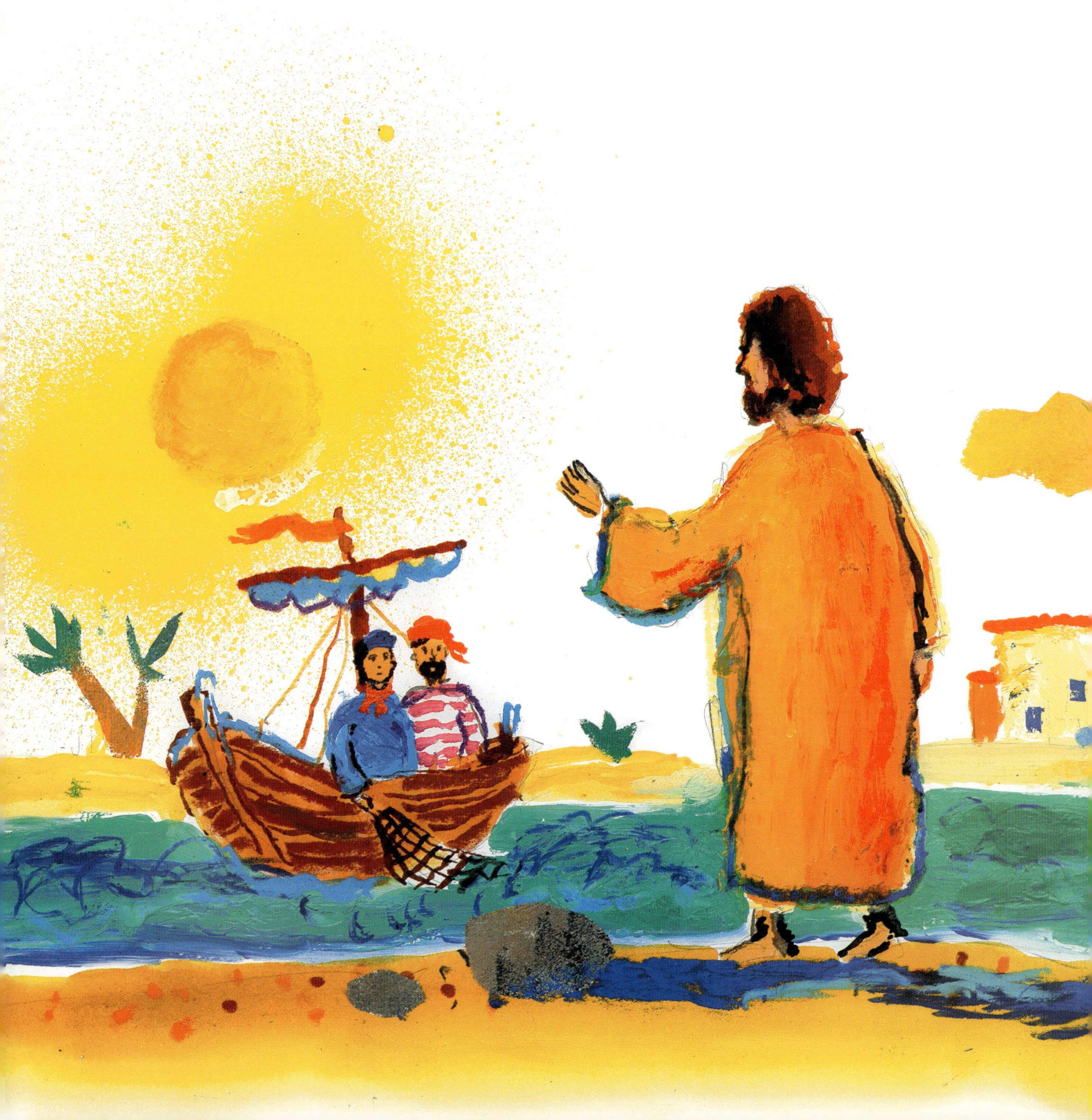

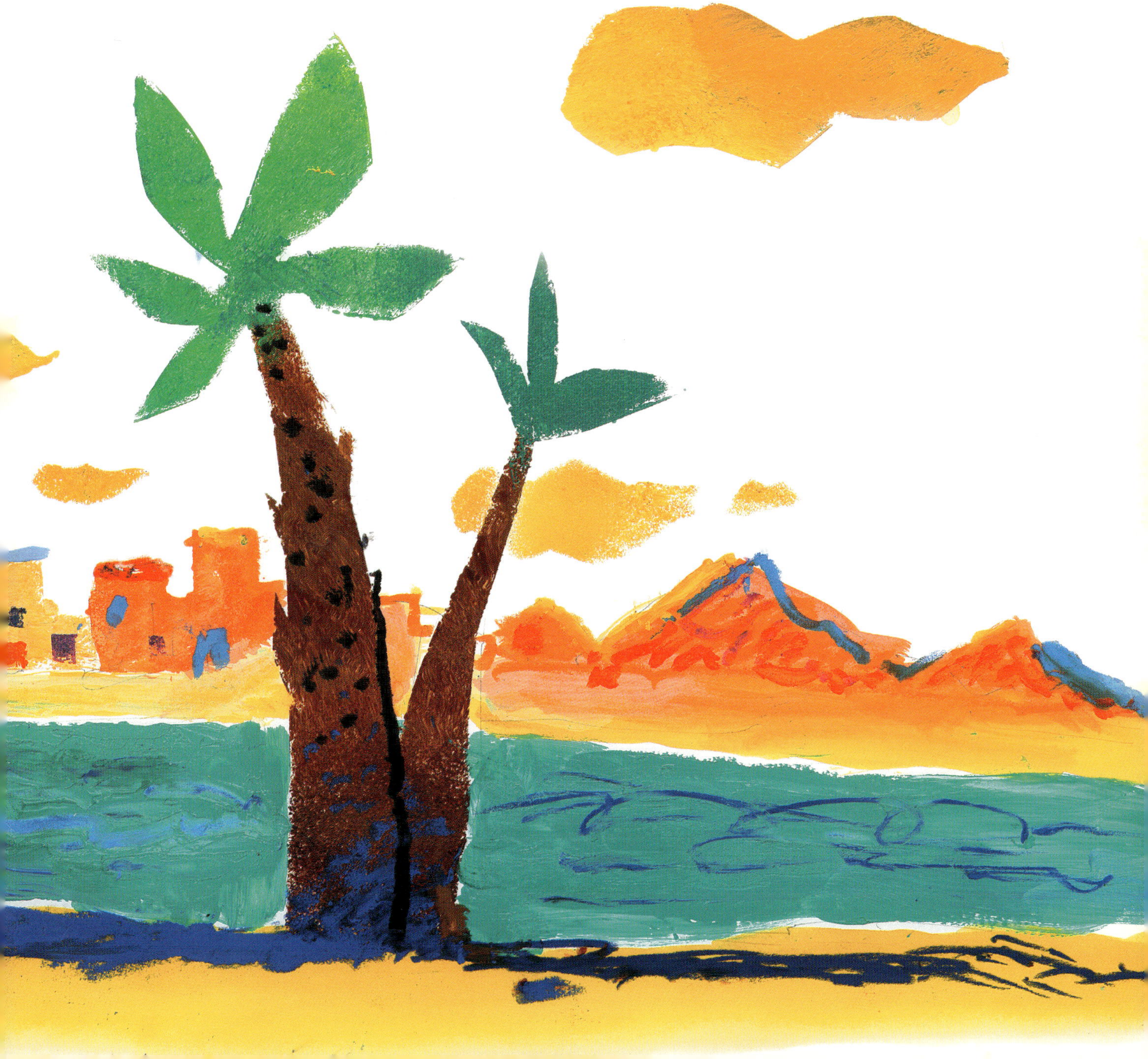

Der Künstler:

Rüdiger Pfeffer, geb. 1959; studierte 1980-1984 freie Malerei bei G. Graubner an der Kunstakademie Düsseldorf; 1984-1989 Grafikdesignstudium an der Fachhochschule für visuelle Kommunikation in Münster. Er lebt und arbeitet in Versmold als selbstständiger Grafiker und Illustrator. Zahlreiche Veröffentlichungen mit religiösen und biblischen Motiven für Kinder und Jugendliche, u.a. „Mein Erstkommunion-Album" beim Verlag Katholisches Bibelwerk.

Die Autorin:

Karin Jeromin, geb. 1965; Studium der Neueren deutschen Literatur, Theologie und Pädagogik; langjährige Gemeindeerfahrung in der Kinder- und Jugendarbeit und kirchlicher Öffentlichkeitsarbeit. Sie lebt in Pfullingen und arbeitet als freie Autorin. Zahlreiche Veröffentlichungen religiöser und biblischer Kinder- und Jugendbücher, u.a. „Mein Erstkommunion-Album" beim Verlag Katholisches Bibelwerk.

Liedrechte:
Tragt in die Welt nun ein Licht, Text und Musik: W. Longardt, aus: Kindergottesdienstkalender, Verlag Ernst Kaufmann, Lahr.
Wir haben seinen Stern geseh'n, Text: Rolf Krenzer, Musik: Ludger Edelkröter, aus: Kinder-Krippenspiele, alle Rechte im Impulse-Musikverlag, Drensteinfurt.

ISBN 3-460-24170-5
Alle Rechte vorbehalten.
© 2004 Verlag Katholisches Bibelwerk GmbH, Stuttgart
www.bibelwerk.de

Gestaltung und Satz: Rund ums Buch – Rudi Kern, Kirchheim
Druck: Graphicom srl., Vicenza, Italien